Literatur + Film = Literaturverfilmung?

Zwischen Kreation und Adaption

Literatur und Film stehen in einem besonderen Spannungsverhältnis. Wenn jeweils auch sehr unterschiedliche Ausdrucksmittel zur Verfügung stehen, so handelt es sich doch bei beiden um erzählende Medien. Verschieden ist jedoch die Art und Weise, in der sie die Ereignisse schildern.

»Schließlich ist das, was uns interessiert, nicht die Möglichkeit, im verfilmten Werk das Original wiederzufinden, sondern die Reaktion des Filmautors vor dem Original.«

Jean Renoir

Was sind typische Gestaltungsmittel von Literatur und Film? Wie können jeweils Handlungen, Gefühlsregungen und Sinneseindrücke vermittelt werden? Welche Art von Information kann das jeweilige Medium besser darstellen als das andere? Stellen Sie beide Medien vergleichend gegenüber:

Buch	Film

Erzählperspektive in der Literatur

Eine literarische Erzählung kann sich auf die Wiedergabe der äußeren Handlung beschränken, auf die Außensicht der Figuren, zudem kann neben der Schilderung der äußeren Handlung auch die Innensicht der Figuren dargestellt werden. Je nach Standpunkt des Erzählers werden folgende Erzählperspektiven unterschieden:

ICH-PERSPEKTIVE: In einer Ich-Erzählung ist der Erzähler selbst in das Geschehen verwickelt; er schildert die Ereignisse aus seiner persönlichen Sichtweise.

PERSONALES ERZÄHLEN: Hier wird ebenfalls aus der Perspektive einer bestimmten Person erzählt, dabei wird aber die Er/Sie-Form gewählt.

AUKTORIALES ERZÄHLEN: Hier wird nicht nur von einer Figur ausgegangen, sondern man hat alle Personen und das ganze Geschehen im Blick.

Begründen Sie anhand eines Textausschnitts, welche Erzählperspektive in der VERWANDLUNG vorherrscht.

Die Verfilmung von Literatur

Sehr häufig basieren Filme auf Vorlagen aus der Literatur. Eine Literaturverfilmung ist die Verknüpfung zweier autonomer Kunstformen – Literatur und Film – die auf vielfältige Weise miteinander verbunden sind. Ausgangsbasis für filmische Adaptionen sind oft Romane, es können aber auch Erzählungen, Kurzgeschichten, Novellen, Autobiografien, Theaterstücke oder Comics sein.

Recherchieren Sie Filme, die auf literarischen Vorlagen basieren. Welche davon könnte man ausdrücklich als bewusste Literaturverfilmung bezeichnen, welche basiert lediglich auf einer literarischen Vorlage?

Literaturverfilmung	Auf literarischer Vorlage basierend

Kreation oder Adaption?

Wie viel Eigenleistung und Kreativität steckt in einer Literaturverfilmung? Eine wichtige Rolle spielt in diesem Zusammenhang das Problem der »Werktreue«, also die Frage, wie eng sich eine filmische Umsetzung an die literarische Vorlage halten sollte. Dies ist einerseits abhängig vom Stellenwert der Vorlage, andererseits von der Absicht und Form der Adaption (lat., Umformung). Dabei garantiert eine hohe Werktreue nicht allein die Qualität der Literaturverfilmung.

Formen der Literaturverfilmung

Eine der häufigsten Formen der filmischen Adaption ist die Übernahme einzelner Teile aus der Literatur, die man in einem Film für brauchbar hält, also die »Aneignung« und »Verarbeitung« von literarischem Rohstoff. Je nach Absicht der Filmemacher wird man einen solchen Film überhaupt nicht als Literaturverfilmung wahrnehmen.

Die zweite Adaptionsart ist die »Illustration«, die bebilderte Literatur. Sie hält sich, so weit wie möglich, an Handlung und Figurenkonstellation der Vorlage, übernimmt oft auch wörtlich den literarischen (Erzähl-)Text, während gleichzeitig die Bilder des Films ablaufen. Bei dieser Art der Literaturverfilmung besteht die Gefahr, dass die Filmemacher im Glauben an die Werktreue die Regeln und Eigenheiten des Mediums Film außer Acht lassen.

Eine dritte Form der Aneignung von Literatur durch Filmemacher ist die interpretierende «Transformation« eines literarischen Stoffes. Hier versuchen die Filmemacher eine eigene künstlerische Entsprechung zur Literatur im Medium Film zu produzieren. Dazu gehört auch die künstlerische Freiheit, der Vorlage nicht wörtlich folgen zu müssen, Teile auszulassen oder hinzuzufügen. Wichtiger als scheinbare Werktreue ist hier, dass der Sinn der Erzählung im Film erhalten bleibt. Als Interpretation bezieht sich die Transformation auf das ursprüngliche Werk, ohne es ersetzen zu wollen. Beide Medien stehen gleichberechtigt nebeneinander.

Zu welcher Form würden Sie jeweils die Filmbeispiele zählen? Begründen Sie Ihre Zuordnung.

Samsas	Die Verwandlung	The Metamorphosis of Mr. Samsa

Ausschnitte zu Samsas, Die Verwandlung und The Metamorphosis of Mr. Samsa

DIE VERWANDLUNG – als Text und als Film

»Durch dieses Schreiben bin ich aus einem durchaus nicht musterhaften, aber zu manchen Sachen gut brauchbaren Beamten zu einem Schrecken meines Chefs geworden.«
Franz Kafka über DIE VERWANDLUNG

Franz Kafkas Erzählung DIE VERWANDLUNG von 1924 ist einer der bekanntesten Texte der modernen Literatur. Die Erzählung gliedert sich in drei Teile.

Fassen Sie den Inhalt der einzelnen Teile in je ein bis zwei Sätzen zusammen.

I.

II.

III.

Stellen Sie die Figuren und deren Rolle dar. Verdeutlichen Sie das Verhältnis der Charaktere untereinander durch Pfeile.

Gregor: Hauptcharakter, Sohn, in ein Insekt verwandelt, ...

Wie wurde nun dieser Text jeweils filmisch umgesetzt? Schauen Sie den Beginn der drei Verfilmungen an und vergleichen Sie ihn mit dem ersten Absatz des Originaltextes. Notieren Sie inhaltliche Unterschiede und formale Eigenheiten. Was könnte der Grund für die Unterschiede sein?

1. Jan Nemec: DIE VERWANDLUNG

2. Caroline Leaf: THE METAMORPHOSIS OF MR. SAMSA

3. Kirsten Peters: SAMSAS

Einen literarischen Text verfilmen

Ein Text, der verfilmt werden soll, muss bestimmte Voraussetzungen erfüllen. So sollte ein Text ein Mindestmaß an anregender, bildhafter Sprache beinhalten. Wichtig ist auch, dass sich die Geschichte in eine dramaturgische Form bringen lässt. Spannungsverlauf, Figurenentwicklung und Wendepunkte sollten, wenn sie in der Vorlage nicht schon bestehen, erschaffen werden. Findet z. B. eine Entwicklung statt? Wie verhalten sich die Charaktere? Hat die Geschichte einen Höhepunkt? Auch die Länge des Textes spielt eine Rolle. Ist der Textinhalt mit einer vertretbaren Filmlänge vereinbar? Müssten Auslassungen vorgenommen werden und falls ja, würden diese den Erzählkern der Geschichte beeinträchtigen?

Lesen Sie Kafkas kurze Erzählung Gibs auf! durch. Was könnte oder müsste geändert werden, um den Stoff zu verfilmen?

Gibs auf!

Es war sehr früh am Morgen, die Straßen rein und leer, ich ging zum Bahnhof. Als ich eine Turmuhr mit meiner Uhr verglich, sah ich, dass es schon viel später war, als ich geglaubt hatte, ich musste mich sehr beeilen, der Schrecken über diese Entdeckung ließ mich im Weg unsicher werden, ich kannte mich in dieser Stadt noch nicht sehr gut aus, glücklicherweise war ein Schutzmann in der Nähe, ich lief zu ihm und fragte ihn atemlos nach dem Weg. Er lächelte und sagte: »Von mir willst du den Weg erfahren?« »Ja«, sagte ich, »da ich ihn selbst nicht finden kann.« »Gibs auf, gibs auf«, sagte er und wandte sich mit einem großen Schwunge ab, so wie Leute, die mit ihrem Lachen allein sein wollen.

Änderungen und Ergänzungen für eine Verfilmung

Um welche Art von Literaturverfilmung handelt es sich bei dem Film Gibs auf (vgl. Bogen 3B)?

Wählen Sie einen kurzen Kafka-Text aus (z. B. Heimkehr, Vor dem Gesetz, Kleine Fabel) und arbeiten Sie Ihre Ideen für eine Verfilmung mithilfe des Portfoliobogens 4: Vom Text zum Film aus.

Textquelle: Franz Kafka, Sämtliche Erzählungen, hg. v. Paul Raabe, Fischer Taschenbuch 1078, Frankfurt/M. 1970, S. 358.

Gestatten, Franz Kafka

Mensch, Werk und Wirkung

Äußerlich war das Leben des Schriftstellers Franz Kafka nicht sonderlich bewegt. 1883 wurde der Sohn eines deutschsprachigen jüdischen Händlers in Prag geboren, studierte später pflichtbewusst Jura und arbeitete anschließend für den Rest seines Lebens als Versicherungsbeamter. Während er seinen jüngeren Schwestern sehr zugetan war, gestaltete sich die Beziehung zu seinem Vater zeitlebens schwierig. Ebenfalls problematisch war sein Verhältnis zu Frauen; zwei Mal verlobte er sich erfolglos. Seine inneren Konflikte trug er aus, indem er schon früh begann, sich literarisch zu betätigen. Der schriftstellerische Erfolg stellte sich jedoch erst nach seinem frühen Tod 1924 ein.

»Jeder lebt hinter einem Gitter, das er mit sich herumträgt …«

Franz Kafka im Gespräch mit Gustav Janouch

• ca. 1896

• 1906

• ca. 1914

Wie wirkt Kafka in diesen Bildern auf Sie? Beschreiben Sie die Fotografien und berücksichtigen Sie dabei den historischen Hintergrund. Finden Sie heraus, in welcher Lebenslage sich Kafka zum jeweiligen Zeitpunkt befand und welche Texte er bereits geschrieben hatte (siehe Bogen 1BC).

Geben Sie jeder Fotografie einen Titel und schreiben Sie jeweils einen inneren Monolog bzw. einen Dialog dazu. Finden Sie weitere Fotografien und Bilder von Franz Kafka. Stellen Sie diese zu einer Collage über Kafkas Leben und Werk zusammen.

Stationen in Kafkas Leben

Recherchieren Sie bedeutende historische, wissenschaftliche und kulturelle Ereignisse und Leistungen und ordnen Sie diese den Lebensdaten Kafkas zu. In den Zeitstrahl können Sie zusätzlich passende Bilder oder Textstücke einfügen.

1883 Am 3. Juli wird Franz Kafka in Prag geboren. Er ist das erste Kind von Hermann Kafka und seiner Frau Julie, geb. Löwy. Die jüdischen Eltern führen ein Geschäft mit Galanteriewaren (Modeartikel). In der Familie wird überwiegend deutsch gesprochen. Die Religion spielt keine besondere Rolle im Leben der Kafkas.

1889/1890/1892 Eintritt in die Volksschule (Deutsche Knabenschule am Fleischmarkt) und Geburt der Schwester Elli. / Geburt der Schwester Valli. / Geburt der Schwester Ottla.

1901 Beginn des Jura-Studiums an der Deutschen Universität in Prag.

1902 Erste Begegnung mit dem Schriftsteller Max Brod. Beginn der lebenslangen Freundschaft.

1908 Erste Veröffentlichung kleiner Prosastücke unter dem Titel BETRACHTUNG in der Zeitschrift ›Hyperion‹. Eintritt in die halbstaatliche Arbeiter-Unfall-Versicherungs-Anstalt für das Königreich Böhmen in Prag.

1912 Arbeit an der 1. Fassung des Romans DER VERSCHOLLENE, die Kafka später vernichtet. Erste Begegnung mit Felice Bauer. Beginn eines intensiven Briefwechsels. DAS URTEIL und DIE VERWANDLUNG entstehen. Die Kurzprosa BETRACHTUNG wird als Buch veröffentlicht.

1914 Verlobung mit Felice Bauer. Kurz darauf wird die Verlobung wieder aufgelöst.

Beginn des Ersten Weltkriegs **1914**

1916 Kafka wird aus beruflichen Gründen vom Militärdienst freigestellt. Neuerlicher Entschluss zur Heirat mit Felice Bauer.
Im Winter entstehen zahlreiche kürzere Erzählungen, darunter Ein Landarzt, Beim Bau Der Chinesischen Mauer und Auf Der Galerie.

1917 Ein Bericht Für Die Akademie entsteht. Kafka erkrankt an Tuberkulose und bittet um Pensionierung, was jedoch abgelehnt wird. Er beginnt, aphorismenartige Texte zu schreiben.
Ende Dezember endgültige Trennung von Felice Bauer.

1922 Beginn der Arbeit an dem Roman Das Schloss. Kuraufenthalt im Riesengebirge.
Frühjahr: Ein Hungerkünstler entsteht.
»Vorübergehende« Pensionierung. Abbruch der Arbeit an Das Schloss.

1924 Josefine, Die Sängerin entsteht. Diagnose der Kehlkopftuberkulose. Überführung in die Universitätsklinik Wien, dann in ein Sanatorium. Seine Freunde Dora Diamant und Robert Klopstock pflegen Kafka.
3. Juni: Kafka stirbt. 11. Juni: Bestattung in Prag.

1925 ff. In seinem letzten Willen hatte Kafka verfügt, alle seine literarischen Aufzeichnungen zu vernichten.
Nachlassverwalter Max Brod widersetzt sich diesem Wunsch und beginnt mit der systematischen Veröffentlichung von Kafkas Werk.

1945 ff. Kafkas literarisches Werk wird weltweit bekannt, zunächst in den USA und Frankreich, in den fünfziger Jahren dann auch im deutschsprachigen Raum. Zahlreiche künstlerische Interpretationen, Werkbetrachtungen und Biographien erscheinen.

Kafka und das Kino

Grand-Kinematograph
„ORIENT“
Hibernergasse Nr. 20
(vis-a-vis Staatsbahnhof)
Grösstes und vornehmstes Kinematograph-Theater Prags.
Eigenes Künstler-Orchester 34448
vom 25-31. Dezember.
Grosses Weihnachts-Festprogramm.
u. a.: Ludwig XVII. histor. Drama.
Bahnbau in Afrika etc.
Beginn der Vorstellungen an den Feiertagen:
Nchm. 2, 4, 6 Uhr., und Abd. 8 Uhr.
Vorstellungsdauer ca. 2 Stunden.

Das neue Medium

Franz Kafka war sein Leben lang ein begeisterter Kinogänger. Das neue Medium Film faszinierte und verstörte ihn. Die Bilder des »Kinematographen-Theaters« beflügelten seine Fantasie; und die Eindrücke, die er von Filmen behielt, gab Kafka häufig in Tagebuchnotizen und Briefen wieder. Dabei galt der Film zu Beginn des 20. Jahrhunderts als kulturell minderwertig, weswegen Filme auch nicht in Kinosälen, sondern auf Jahrmärkten und in Varietés gezeigt wurden. Kafka jedoch stand dem neuen Medium offen gegenüber, nahm gleichzeitig aber auch den Gegensatz zwischen der Literatur und der schnelllebigen Unterhaltung durch das Kino als mögliche Bedrohung für sein Schriftstellertum wahr.

»Man wird durch die Flimmerbilder ja nur wirklichkeitsblind.« 1

»Nachmittag Palästinafilm.« 2

»Der Kinematograph gibt dem Angeschauten die Unruhe ihrer Bewegung, die Ruhe des Blickes scheint wichtiger.« 3

»Im Kino gewesen. Geweint. LOLOTTE. Der gute Pfarrer. Das kleine Fahrrad. Die Versöhnung der Eltern. Maßlose Unterhaltung: Vorher trauriger Film DAS UNGLÜCK IM DOCK, nachher lustiger ENDLICH ALLEIN. Bin ganz leer und sinnlos, die vorüberfahrende Elektrische hat mehr lebendigen Sinn.« 4

»Das Einzige was ich aber überzeugend daraus erkenne, ist, dass wir noch lange und oft den Kinema, die Maschinenhalle und die Geishas zusammen uns ansehen müssen, ehe wir die Sache nicht nur für uns, sondern auch für die Welt verstehen werden.« 5

»Tagebuch führe ich keines, ich wüsste nicht, warum ich es führen sollte, mir begegnet nichts, was mich im Innersten bewegt. Das gilt auch, wenn ich weine wie gestern in einem Kinematographentheater in Verona« 6

»Ich bin ein Augenmensch. Das Kino stört aber das Schauen. Die Raschheit der Bewegungen und der schnelle Wechsel der Bilder zwingen den Menschen zu einem ständigen Überschauen. Der Blick bemächtigt sich nicht der Bilder, sondern diese bemächtigen sich des Blickes. Sie überschwemmen das Bewusstsein. Das Kino bedeutet eine Uniformierung des Auges, das bis jetzt unbekleidet war … Filme sind eiserne Fensterläden.« 7

Wie sah Kafka das Kino? Welchen Eindruck gewinnen Sie auf Grundlage der obigen Zitate hinsichtlich Kafkas Aussagen zum neuen Medium? Fassen Sie Ihren Gesamteindruck in einem kurzen Text zusammen.

Gestalten Sie einen Extrabogen, der Informationen über Filme zur Zeit Kafkas enthält.

Textquellen: Kafka im Gespräch mit Gustav Janouch, 1920-1923. (Zitat 1 u. 7). Tagebucheintrag, 23.10.1921 (Zitat 2). Tagebucheintrag Januar / Februar 1911 (Zitat 3). Tagebucheintrag, 15.09.1913 (Zitat 4). Brief an Max Brod, 22.8.1908 (Zitat 5). Brief an Felice Bauer, 6.11.1913 (Zitat 6).

Kafka im Bild

Interpretationen in Theater, Film und Bildender Kunst

Obwohl Kafka seine Hauptberufung stets in der Literatur sah, bezeichnete er sich selbst als »Augenmenschen«, ein Interesse, das sich nicht in seiner Leidenschaft für das Kino erschöpfte. Wie Zeitzeugen berichteten, ermöglichte ihm sein eidetisches (»fotografisches«) Gedächtnis, auch nur kurz betrachtete Bilder genau und detailliert zu beschreiben. Gelegentlich fertigte Kafka auch selbst Zeichnungen an, allerdings ohne ihnen eine größere Bedeutung beizumessen.

»Ich wünschte mir immer, zeichnen zu können. Ich wollte sehen und das Gesehene festhalten. Das ist meine Leidenschaft.«

Franz Kafka im Gespräch mit Gustav Janouch

In einigen von Kafkas Texten spielen Bilder auch eine wichtige inhaltliche Rolle. So wird in der VERWANDLUNG von dem Bild einer in Pelz gekleideten Dame erzählt. Finden Sie die beiden Textstellen und erstellen Sie dazu auf einem Extrabogen eine Collage oder eine Zeichnung.

Künstlerische Interpretationen

Kafkas Werk beeinflusste Schriftsteller, Musiker, bildende Künstler und Filmemacher. Dabei ging es oft nicht nur um die Übertragung von Kafkas Texten in andere Medien, sondern vor allem auch um ihre Interpretation und Deutung.

Handelt es sich bei den beiden nebenstehenden Beispielen um Illustrationen oder eher um Interpretationen von Kafkas Werk? Inwieweit tragen diese zum besseren Verständnis von Kafkas Werk bei? Recherchieren Sie weitere (bild-)künstlerische Umsetzungen von Kafkas Texten.

• oben: Radierung von Rolf Escher: DIE VERWANDLUNG.
• links: Motion still aus DER PROZESS (F 1961, R: Orson Welles).

Bildquelle: Rolf Escher (*1936): DIE VERWANDLUNG (1974; Mappe, 7 Radierungen, 18 x 11 cm, Blattgröße 42 x 31 cm; © VG Bild-Kunst, Bonn, 2010)

Kafka zeichnerisch interpretieren

Trotz aller Rätselhaftigkeit bietet sich Kafkas äußerst klarer und präziser Schreibstil für bildnerische Adaptionen sehr gut an. Zudem kann der drastische Inhalt mancher Werke, wie etwa In der Strafkolonie oder Die Verwandlung, ein Anreiz für Illustrationen sein.

Fertigen Sie ausgehend von folgender Textstelle aus der Verwandlung eine Zeichnung an. Versuchen Sie, durch den Stil Ihrer Zeichnung Analogien zum Schreibstil Kafkas zu finden.

»Ach Gott«, dachte er, »was für einen anstrengenden Beruf habe ich gewählt! Tag aus, Tag ein auf der Reise. Die geschäftlichen Aufregungen sind viel größer, als im eigentlichen Geschäft zu Hause, und außerdem ist mir noch diese Plage des Reisens auferlegt, die Sorgen um die Zuganschlüsse, das unregelmäßige, schlechte Essen, ein immer wechselnder, nie andauernder, nie herzlich werdender menschlicher Verkehr. Der Teufel soll das alles holen!« Er fühlte ein leichtes Jucken oben auf dem Bauch; schob sich auf dem Rücken langsam näher zum Bettpfosten, um den Kopf besser heben zu können; fand die juckende Stelle, die mit lauter kleinen weißen Pünktchen besetzt war, die er nicht zu beurteilen verstand; und wollte mit einem Bein die Stelle betasten, zog es aber gleich zurück, denn bei der Berührung umwehten ihn Kälteschauer.

Im Vorfeld der Veröffentlichung der Verwandlung forderte Kafka vom Verleger in Bezug auf die Umschlagillustration: »Das Insekt selbst kann nicht gezeichnet werden. Es kann aber nicht einmal von der Ferne aus gezeigt werden.«

Erörtern Sie mögliche Beweggründe Kafkas, den Inhalt der Erzählung nicht bildlich darstellen lassen zu wollen.

Textquelle: Franz Kafka, Sämtliche Erzählungen, hg. v. Paul Raabe, Fischer Taschenbuch 1078, Frankfurt/M. 1970, S.56 f.

Kafka im Comic

Inzwischen gibt es eine Vielzahl visueller Umsetzungen des Textes. Auch Comic-Autoren wie Robert Crumb oder Peter Kuper ließen sich vom Text inspirieren.

Welcher Zusammenhang besteht zwischen Comic und Literatur? Finden Sie die zum Bildbeispiel passende Textstelle und setzen Sie die Bildsequenz fort. Verdeutlichen Sie anhand dieses Beispiels Gemeinsamkeiten und Unterschiede zwischen beiden Medien.

• Panelsequenz aus Peter Kupers Adaption The Metamorphosis.

Die Stärke von Bildern ist es, aufeinander folgende Vorgänge gleichzeitig darstellen zu können.

Erstellen Sie für jeden der drei Teile der Verwandlung eine Zeichnung oder Collage, die Sie dem Portfolio beilegen. Versuchen Sie dabei, den Inhalt der jeweiligen Abschnitte in einem Bild grafisch zu »verdichten«.

Kafkas Zeichnungen

In einem Brief an seine Verlobte Felice Bauer schreibt Kafka, er sei vor Jahren »einmal ein großer Zeichner« gewesen. Tatsächlich sind auch viele Zeichnungen von Franz Kafka erhalten, und doch hat er sich dieser Kunst selten sonderlich intensiv gewidmet. Ungeklärt ist, in welchem Zusammenhang sie mit dem literarischen Werk Kafkas stehen. Jedoch schien Kafka die Zeichnung am geeignetsten zu sein, um visuelle Eindrücke festzuhalten. So bezeichnete er seine Zeichnungen auch als »eine ganz persönliche Bilderschrift, deren Sinn ich selbst nach einer Zeit nicht mehr entdecken kann.« Bekannt sind vor allem sechs Zeichnungen, die Max Brod als »die schwarzen Marionetten an unsichtbaren Fäden« bezeichnete. Diese Figuren werden häufig als Umschlagillustrationen von Kafka-Ausgaben verwendet.

Nehmen Sie eine Zeichnung als Ausgangspunkt für eine Illustrationsserie.

Beschreiben Sie Kafkas Zeichnungen. Was drücken sie aus?

Vom Text zum Film

Drehbuch und Storyboard

»Ein guter Film braucht drei Dinge: erstens ein gutes Drehbuch, zweitens ein gutes Drehbuch und drittens ein gutes Drehbuch.«

Alfred Hitchcock

Das Drehbuch – Gute Argumente für SAMSAS

Rekonstruieren Sie ein erfolgreiches Verkaufsgespräch zwischen einem Filmproduzenten und Ihnen: Er war auf der Suche nach einem Drehbuch, welches das Zeug zum Kassenschlager hat. Sie sind Agent bzw. Agentin für Drehbuchautoren und haben seine Fragen zum Filmprojekt SAMSAS von Kirsten Peters beantwortet. (vgl. zum Folgenenden und zu Bogen 4D DAS DREHBUCH von C. P. Hant)

Zwei Hunde, aber nur ein Knochen! Das ist das Grundprinzip eines guten Films. Wenn es steht, können die wichtigsten Fragen beantworten werden: 1. Wer ist der Protagonist? 2. Was ist sein Ziel? 3. Welches ist die gegnerische Kraft? 4. Was ist ihr Ziel? 5. Wie sieht der zentrale Konflikt der Geschichte aus? Können Sie mir diese Fragen zum Film SAMSAS beantworten?

Im Film entsteht Spannung oft dadurch, dass die Informationen nur Schritt für Schritt preisgegeben werden. Der Zuschauer wird zuerst neugierig gemacht, dann aber auf die Folter gespannt. Seine Vermutungen werden nur manchmal bestätigt, sodass er niemals sicher sein kann, was tatsächlich als Nächstes passiert. Ist das auch bei SAMSAS der Fall?

Ein Blockbuster braucht ein Thema, das immer wieder neu behandelt und im Verlauf des Films jedesmal anders beantwortet wird (z. B. Liebe triumphiert über Machtgier – Machtgier triumphiert über Liebe). Die Antwort am Ende ist die Kernaussage des Films. Ein guter Film vermittelt sie durch Bilder, da diese den Verstand des Zuschauers passieren können. In der Macht der Bilder liegt die Macht des Films. Wie lautet das Grundthema bei SAMSAS? Wird es visuell vermittelt?

Der erste Akt eines guten Hollywood-Films beginnt mit der Exposition: Es wird geklärt, wer und was Gegenstand der Geschichte ist und welche Beziehungen zwischen den Figuren bestehen. Außerdem werden ihre Ziele festgelegt. Im zweiten Akt, der Konfrontation, muss der Held Hindernisse überwinden, um sein Ziel zu erreichen. Im dritten Akt, der Auflösung, überlebt der Held, findet den Schatz oder erobert seine große Liebe. Ein gutes Drehbuch verbindet die drei Akte geschickt durch zwei entscheidende Nahtstellen, die »Plot Points«, Wendepunkte. Dies sind Ereignisse, die sich in die Handlung einhaken und ihr eine neue Richtung geben. Liegt ein solcher Aufbau auch bei SAMSAS vor?

Aspekte des Drehbuchs

Ein Drehbuch stellt eine Art Bauanleitung für den Film dar, die einzelnen Szenen werden dabei in Textform festgelegt. Dabei unterliegt es bestimmten formalen Kriterien. Es enthält Szenenüberschriften, die Innenaufnahmen (»INT«) von Außenaufnahmen (»EXT«) unterscheiden, den Ort (etwa »WOHNHAUS/DAVOR«) und die Tageszeit (»DAY«, »NIGHT«) angeben. Daneben gibt es Dialoge, Handlungs- und Dialoganweisungen und technische Anweisungen (»Aufblende«), die sich auch auf die Kamera beziehen können. Gedanken und Gefühle werden in einem Drehbuch nicht erzählt, sondern müssen durch Bilder und Dialoge erfasst werden. Ein Drehbuch verzeichnet ausschließlich Geschehen, das auf der Leinwand gehört oder gesehen werden kann.

Vervollständigen Sie den folgenden Drehbuchauszug von SAMSAS.
Worin unterscheiden sich Drehbuch und fertiger Film?

```
1     INT - AUFNAHMESTUDIO - DAY

Eine Frau betritt durch eine Tür eine große, leere Halle und läuft in den Raum.

                                   HAUSHÄLTERIN
                                    (murmelt)
                     Zu viel passiert, eindeutig zu viel
                     passiert. So setz ich mich mal hin, hier so.

Sie setzt sich auf einen in der Mitte des Raumes stehenden Stuhl.

                                   HAUSHÄLTERIN
                     Ja, der war doch ein ganz guter Junge so.
                     Ging immer viel arbeiten all die Jahre,
                     man hat ihn kaum bemerkt, so schmächtig
                     wie er war, so still. Wollte für alle immer
                     nur das Beste. Ging morgens ganz früh raus,
                     auf die Sekunde und abends, wenn's dunkelte,
                     wieder heim. Das Geld hat er dann der
                     Familie gegeben, es sollte ja allen gut
                     gehen.

                                   SCHWARZBLENDE
                                   Titel: Samsas

2     INT - WOHNUNG DER SAMSAS - DAY

Vater und Mutter sitzen am Frühstückstisch. Grete hockt vor Gregors Zimmertür und
klopft.
```

Das Storyboard

Ein gezeichnetes Drehbuch

Entscheidend bei der Arbeit am Storyboard ist, dass der Text des Drehbuchs nun zum ersten Mal in Bilder »übersetzt« wird. Somit spielt es eine wichtige Rolle bei der Planung eines Films. Je genauer und ausführlicher die Szenen im Storyboard ausgearbeitet sind, desto schneller und sicherer kann am Set gearbeitet werden.

»Ich glaube, eines der größten Probleme in unserem Metier ist die mangelnde visuelle Fantasie. [...] Für mich ist das Bildliche ein zentrales Element bei dieser Arbeit. Ich glaube, man hat sich noch längst nicht genug damit beschäftigt.«

Alfred Hitchcock in DIRECTING THE FILM

Nr.

Sek.

Setzen Sie das Storyboard zur ersten Szene von SAMSAS fort. Notieren Sie stichwortartig Handlung und Dialog.

Nr.

Sek.

Nr.

Sek.

Nr.

Sek.

Setzen Sie das Storyboard auf weiteren Blättern fort (herunterladbar von www.schroedel.de/filmportfolio). Bedenken Sie, dass ein Storyboard nicht unbedingt immer gezeichnet werden muss – es kann z. B. auch mithilfe von Fotografien erstellt werden.

Das Exposé und der Protagonist – Entwicklung einer Figur für eine Kafka-Kurzgeschichte

Auf den Innenseiten dieses Bogens kann man einige Grundprinzipien des Drehbuchs kennenlernen. Daraus geht hervor, dass der Film SAMSAS die üblichen Kriterien nur zum Teil erfüllt. Ihre Aufgabe ist es, auf einem zusätzlichen Blatt ein 1- bis 2-seitiges »Exposé« (Entwurf) zur Kurzgeschichte GIBS AUF! von Franz Kafka zu entwickeln, das sich an den Grundregeln eines Drehbuchs orientiert. Ihr Exposé soll die wichtigsten Handlungen, Hauptfiguren sowie Orte und Zeitpunkte enthalten und im Präsens geschrieben sein.

Doch bevor Sie beginnen, arbeiten Sie zunächst den Helden (Protagonisten) aus. Er – oder vielleicht auch sie? – ist das Zentrum Ihrer Geschichte, die durch sein oder ihr Handeln getragen und vorangetrieben wird.

Obwohl ich der Held der Geschichte bin, besitze ich alltägliche Eigenschaften. Ich mag z. B. Cola und sehe jedes Fußballspiel an. Diese Vorlieben sind es, die mich als Figur »echt« erscheinen lassen. Natürlich bringe ich auch Humor, Schläue, Ausdauer und die Fähigkeiten mit, die ich benötige, um mein Ziel zu erreichen. Im Exposé habe ich folgende Eigenschaften und Fähigkeiten:

Charakterisiert werde ich auch durch die Menschen, denen ich begegne. Durch sie werden verschiedene Seiten meiner Persönlichkeit erkennbar. Wie verhalte ich mich gegenüber Menschen, von denen ich abhängig bin? Wie behandele ich Menschen, über die ich Macht ausübe? Wie verhalte ich mich meiner Geliebten, meinem Freund, meinen Eltern gegenüber? Verhalte ich mich positiv, dann werde ich auch vom Zuschauer positiv wahrgenommen werden. In Ihrer Geschichte verhalte ich mich gegenüber ...

Alle meine Eigenschaften müssen deutlich erkennbar sein. Sie müssen hervorstechen, da nicht viel Zeit bleibt, um mich dem Zuschauer vorzustellen. Das Mittel der Zuspitzung ist notwendig, um in der kurzen Zeit ein klares Bild von meinem Charakter zu vermitteln. So entsteht eher eine Skizze von mir als ein genaues Porträt. Die Zuspitzung wird ...

Ein Film muss die Gefühle des Zuschauers ansprechen, nur Verstehen reicht da nicht. Deshalb muss ich durch extreme emotionale Erfahrungen gehen. Ich bin wie das Fahrzeug einer Achterbahn. Die Höhen und Tiefen, die zunehmend intensiver werden, sind die wechselnden positiven und negativen psychischen Zustände wie Glück, Angst, Freude usw., die der Zuschauer mit mir durchlebt. In Ihrem Exposé wird dies durch folgende Ereignisse erreicht:

Arbeiten Sie nun Ihr oben begonnenes Exposé in Drehbuchszenen aus und übersetzen Sie es ganz oder in Teilen in ein Storyboard. Vergleichen Sie Ihr Ergebnis mit dem Filmbeispiel auf der DVD.

Film GIBS AUF

Formulieren Sie auf der Grundlage der gefundenen Indices und Symbole eine kurze Interpretation zur Eingangssequenz von SAMSAS.

Einstellungsgrößen

Der Bildausschnitt und seine Bedeutung

Entnehmen Sie dem Materialbogen die entsprechenden Filmstandbilder. Überlegen Sie sich, welche Inhalte (z. B. Körperteil/-e oder Raum) durch die Bildausschnitte besonders betont werden und welche Funktionen die einzelnen Einstellungsgrößen übernehmen.

Weit: *Stadtpanorama, Landschaft, schafft Atmosphäre, gibt Orientierung*

Totale: *Wohnsiedlung, Überblick über den Ort, räumliche Orientierung, Menschen im Hintergrund*

eigene Bildauswahl aus dem Materialbogen

Halbtotale:

eigene Bildauswahl aus dem Materialbogen

Amerikanisch:

eigene Bildauswahl aus dem Materialbogen

Halbnah:

eigene Bildauswahl aus dem Materialbogen

Nah:

eigene Bildauswahl aus dem Materialbogen

Groß:

eigene Bildauswahl aus dem Materialbogen

Detail:

Kreuzen Sie die Einstellungsgröße/-n an, auf die die folgenden Aussagen zutreffen. Formulieren Sie anschließend zwei weitere Definitionen, die Ihr Nachbar den passenden Einstellungsgrößen zuordnet.	Detail	Groß	Nah	Halbnah	Amerikanisch	Halbtotale	Totale	Weit
1 Bei dieser Einstellung ist jede feine Regung im Gesicht für den Zuschauer sichtbar, sodass er sich gut in die dargestellte Person einfühlen kann.								
2 Hier rückt die menschliche Gestalt in den Hintergrund und wird Teil des Raums.								
3 Die Kamera dringt bei diesem Bildausschnitt in die Intimsphäre des Schauspielers ein und emotionalisiert.								
4 Die Person wird von den Knien bis zum Kopf gezeigt. Die Gestik ist gut erkennbar, genauso wie der Griff eines Cowboys zum Colt.								
5 Da mimische Regungen und der Oberkörper der dargestellten Person gut sichtbar sind, wird dieser Bildausschnitt oft bei Gesprächssituationen eingesetzt.								
6 Diese Einstellungsgröße gibt eine geographische bzw. lokale Orientierung.								
7 Die räumliche Orientierung spielt bei dieser Einstellungsgröße keine Rolle mehr.								
8 Hier wird die ganze Person vollständig in den Mittelpunkt gerückt. Der umgebende Raum spielt keine Rolle mehr.								
9 Diese Einstellungsgröße führt häufig in eine neue Szene ein und etabliert die neue Situation.								
10 Sie besitzt eine hohe Suggestivkraft und zieht den Zuschauer in ihren Bann, vor allem, wenn Ausschnitte des menschlichen Gesichts abgebildet werden.								
11 Personen sind hier von der Hüfte aufwärts sichtbar. Mit dieser Einstellungsgröße beginnt die Körpersprache bildwichtig zu werden.								
12 Die Einstellung zeigt weite Landschaften oder Stadtarchitekturen, in denen Menschen kaum wahrnehmbar sind.								
13 Der Zuschauer erhält einen Überblick über die zu erwartende Handlung.								
14								
15								

Gibt es Filmbilder, deren Einstellungsgrößen nicht eindeutig bestimmt werden können? Begründen Sie Ihre Entscheidung.

Filmsemiotik: Die Zeichensprache im Film

Hinweise und Symbole bei SAMSAS und BLUE VELVET

Jedes Filmbild, das mit einer Kamera gedreht wurde, ist ein »Ikon« (griech., Abbild). Regisseure überlegen sich genau, welche Menschen, Tiere oder Gegenstände sie in Szene setzen. So hat z. B. eine rote Rose eine andere Bedeutung als eine gelbe. Das Filmbild ist also nicht nur ein Abbild, sondern transportiert Bedeutungen. Grundsätzlich kann bei Bildinhalten zwischen einem »Index« (lat., Hinweis, Pl. Indices) und einem »Symbol« (griech., Sinnbild) unterschieden werden. Als Indices gelten Zeichen, die auf etwas hinweisen. Für die Erklärung und Analyse eines Filmes spielen sie eine wichtige Rolle, da selbst Kleidungsstücke, Frisuren oder Pflanzen häufig eine bestimmte Bedeutung haben. Das Symbol ist ein Zeichen, das sinnbildlich für etwas steht und auf Tradition beruht. Dazu gehören Gegenstände, z. B. ein Ring, der für die Ewigkeit steht, oder Tiere und Farben. Besonders in Eingangssequenzen von Filmen finden sich viele Indices und Symbole, da hier mit wenigen Bildern eine Grundatmosphäre geschaffen wird. Kirsten Peters zitiert zu Beginn von SAMSAS das Rosenbild aus dem Filmklassiker BLUE VELVET, dessen Anfangssequenz Vorbild für Filme wurde, die das Thema »Bürgerliche Idylle« behandeln.

BLUE VELVET (USA 1986, R: David Lynch): Jeffrey, ein junger Mann aus gutem Haus, findet auf einer Wiese ein abgeschnittenes Ohr, das er pflichtbewusst zur Polizei bringt. In Folge dieses Fundes wird er in eine ihm fremde Welt voller Gewalt und sexueller Perversionen hineingezogen, die auf ihn eine starke Anziehungskraft ausüben. Am Ende des Films siegt dennoch das Gute: Jeffrey erschießt den brutalen Bandenchef Frank und das Böse wird aus der heilen kleinbürgerlichen Welt vertrieben.

Handelt es sich bei den Bildinhalten von BLUE VELVET und SAMSAS um Indices oder Symbole? Interpretieren Sie diese und gehen Sie auch auf die Bedeutung der Farben ein

Eingangssequenz von BLUE VELVET

Endlose Ausdehnung des blauen Himmels = Index für Ruhe, Beständigkeit, Harmonie / Rote Rose = Symbol für Leben, Freude und Liebe, Index für Sommer / Weiß = Symbol: Farbe der Reinheit/Unschuld / Gepflegter Gartenzaun = Index für eine bürgerliche, ländliche Wohngegend

Eingangssequenz von SAMSAS

Die Kamera als Erzähler

Erzählperspektiven im Film

Kameraperspektive

So, wie es einen Erzähler in epischen Texten gibt, wird das im Film erzählte Geschehen durch die Kamera transportiert. Als Zuschauer eines Filmes sehen wir die Ereignisse stets aus der Sicht der Kamera. Ihre Position und Perspektive werden somit zu unserer eigenen. Sie ermöglicht wechselnde »Erzählperspektiven«, wodurch Informationen vermittelt werden oder vorenthalten bleiben, Nähe oder Distanz zum Geschehen entstehen. Die Einstellungsgröße, die Kameraperspektive, die Kamerabewegung und die Bewegung im Bild bestimmen die Erzählperspektive. So kann die Kamera beispielsweise den subjektiven Blick einer Person einnehmen (»subjektive Kamera«), was vergleichbar mit der Perspektive des Ich-Erzählers in der Literatur ist (vgl. Bogen 3).

Beschreiben Sie die Kameraperspektiven. Inwiefern ist die jeweilige Perspektive inhaltlich begründet?

eigene Bildauswahl
aus dem Materialbogen

Kameraperspektive

Beschreiben Sie die Wirkung der jeweiligen Kameraeinstellung.

Man kann sechs Kameraperspektiven unterscheiden:
1. Froschperspektive · 2. Untersicht · 3. Normalansicht
4. Aufsicht · 5. Vogelperspektive · 6. Top shot

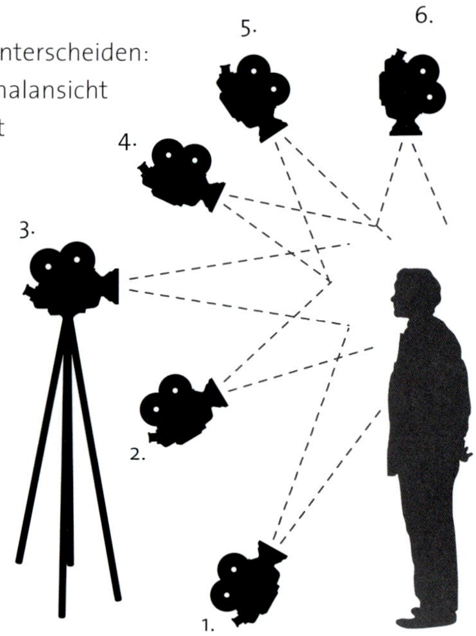

1. ...
2. ...
3. ...
4. ...
5. ...
6. ...

Fotografieren Sie ein selbst gewähltes Motiv (z. B. eine Person) entsprechend dem obigen Schema und fügen Sie die Bilder hier ein.

Bewegung und Kamera

Neben der Kameraperspektive wird das Filmbild vor allem durch die verschiedenen Arten der Bewegung bestimmt. Grundsätzlich gibt es drei Varianten von Bewegungen, die in einem Film auftauchen können:

1. Personen und Objekte bewegen sich vor der (statischen) Kamera.
2. Die Kamera bewegt sich auf statische Personen oder Objekte zu, darüber hinweg oder entfernt sich von ihnen.
3. Die Bewegungen von Kamera und gefilmten Personen und Objekten finden gleichzeitig statt, z. B. durch Schwenk oder Neigung der Kamera.

Untersuchen Sie die Anfangsszene im Haus der Samsas. Welche Arten der Bewegung können Sie hier ausmachen? Wovon geht die Bewegung aus und wie ist sie begründet?

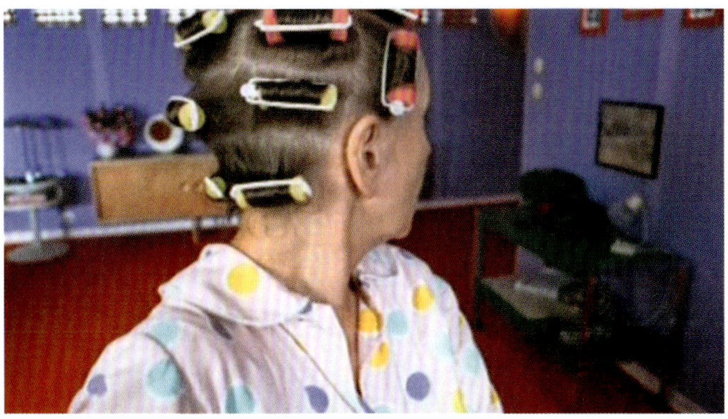

eigene Bildauswahl
aus dem Materialbogen

Kamerabewegung

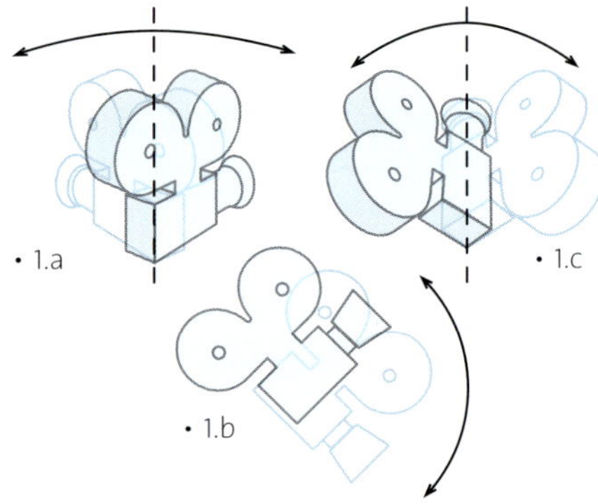

Die Kamera selbst kann während einer Einstellung drei verschiedene Bewegungen vollziehen: Schwenk, Fahrt und Zoom. Idealerweise ist die Bewegung der Kamera jederzeit durch die filmische Erzählung motiviert und unterstützt die Handlung des Films.

1. **a Schwenk, b Neigung und c Rollen:** Der vertikale oder horizontale Schwenk gehört zu den am einfachsten zu realisierenden Bewegungen, da die Kamera mit dem Stativ verbunden bleibt. Das Rollen der Kamera ist eher unüblich.
2. **Fahrt:** Während einer Fahrt verändert die Kamera ihre Position im Raum. Profis führen Kamerafahrten in der Regel mit einem »Dolly« (einem fahrbaren Unterbau auf Schienen) oder von einem Kran aus durch.
3. **Zoom:** Im Gegensatz zur Fahrt behält die Kamera beim Zoom ihren Standpunkt bei, es wird lediglich die Brennweite des Objektivs und damit der Bildausschnitt verändert.

Erproben Sie die verschiedenen Möglichkeiten an einem selbst gewählten Motiv, Bewegung in und mit der Kamera zu erzeugen – werden Sie erfinderisch im Bereich der Kamerafahrt!

Bewegung im Bild

Die oben genannten Kamerabewegungen werden häufig eingesetzt, um einem Objekt zu folgen, das sich vor der Kamera bewegt. Dabei lenkt die Bewegung im Bild von der Bewegung der Kamera ab.

Betrachten Sie die zum Standbild gehörende Einstellung im Film von Kirsten Peters. Wie folgt die Kamera hier den Personen? Beschreiben Sie die Kamerabewegung und finden Sie ein weiteres Beispiel.

Beschreiben Sie den Kamerastil im Film Die Verwandlung von Jan Nemec.

Schnitt und Montage

Der filmische Raum

Die »Einstellung« stellt die kleinste erzählerische Einheit im Film dar. »Filmschnitt« bedeutet nun das Aneinanderfügen von mindestens zwei Einstellungen. Einerseits werden die Einstellungen dadurch begrenzt, andererseits aber auch miteinander verbunden. Durch den Schnitt entsteht der Film sozusagen erst.

Der Begriff »Montage« wird dabei vor allem für den gesamten künstlerischen Aufbau eines Films verwendet. Mehrere Einstellungen eines Handlungsabschnitts ergeben eine »Szene«.

Eine Folge von Einstellungen, die in einem inhaltlichen, räumlichen oder zeitlichen Zusammenhang stehen, nennt man »Sequenz.« Eine längere ungeschnittene Einstellung, bei der Veränderungen im Bild durch die Kameraführung hervorgerufen werden, heißt Plansequenz.

Vervollständigen Sie das folgende Einstellungsprotokoll aus der Anfangssequenz von SAMSAS.

Nr.	Dauer	Einstellungsgröße	Einstellungsperspektive	Kamerabewegung	Inhalt
1	01:14–01:17				
▽ 2			Normalansicht		
3				keine	
4					Mutter sitzt am Frühstückstisch
5		Halbnah			
6				Parallelfahrt	
○ 7	01:49–01:52				
8		Halbnah			
9			Untersicht		
10					Grete hockt vor Tür, Vater steht daneben
11			Normalansicht		
12				keine	
13		Halbnah			Grete hockt am Boden, erstaunt
14	02:05–02:06				

Art des Schnitts: Hart oder weich?

Schnitt und Blende sorgen nicht nur dafür, dass eine Handlung inhaltlich weitergeführt wird, sondern legen auch den »Rhythmus« des Films fest.

Der harte Schnitt: Zwei Einstellungen unterschiedlichen Inhalts, unterschiedlicher Perspektive, Einstellungsgröße, Beleuchtung usw. werden direkt aneinandermontiert.

Der weiche Schnitt: Zwei Einstellungen ähnlichen Inhalts, etc. werden direkt aneinandermontiert. Er lässt vergessen, dass überhaupt geschnitten wurde. Der unsichtbare Schnitt verbindet zwei Einstellungen auf eine Weise, dass er selbst als Schnitt kaum bemerkt wird. Voraussetzung dafür ist weniger die bildinhaltliche Kontinuität als vielmehr die Kontinuität der Kameraführung. Die gleichbleibende Einstellungsgröße und Perspektive lassen die Handlung organisch erscheinen.

Markieren Sie auf dem Einstellungsprotokoll oben weiche ○ und harte ▽ Schnitte.

Die Einstellungsdauer bestimmt auch Schnitttempo und Rhythmus eines Films, was stark vom Genre abhängig ist. Ein Actionfilm hat z. B. eine durchschnittliche Einstellungsdauer von 2 bis 3 Sekunden, in Dramen und Komödien dagegen dauert sie zwischen 6 und 7 Sekunden.

Beschreiben Sie das Schnitttempo der Beispielsequenz.

Jump cut

Als »Jump cut« bezeichnet man einen Filmschnitt, der den gewohnten Sehfluss stört. Er wird dadurch als Sprung wahrgenommen, der den Zuschauer irritieren kann. Dies geschieht durch die Missachtung der räumlichen Anschlüsse (die Figur »springt« und befindet sich plötzlich an einer anderen Stelle im Raum). Hierbei kann es sich um eine beabsichtigte zeitliche Auslassung im Handlungsstrang handeln.

Vergleichen Sie den abgedruckten Dialogtext unter den Standbildern mit dem Filmgeschehen in der 13. bis 14. Minute und markieren Sie im Text die Stellen, an denen ein Schnitt erfolgt. Gilt hier die Regel »Text folgt Bild« oder »Bild folgt Text«? Begründen Sie Ihre Einschätzung.

Reporter: *»Da drin ist doch Ihr Bruder?«*

Grete: *»Was wollen Sie?«*

Reporter: *»Okay, reden wir nicht mehr um die kalte Suppe. Ich will das Ungeziefer sehen. Er wird ganz groß rauskommen, berühmt werden, reisen, in der Welt herumkommen. Das ist doch was, Schätzchen, wenn Sie da mitspielen, wird auch für Sie etwas herausspringen. Was müssen Sie dafür tun? Tür auf, Gregor raus, ab in den Sack. Ein paar Bilder, ein paar Interviews, das übliche Zeug, dann in die Hubert-Schulz-Show, alles ganz einfach, oder?«*

Welche Stimmung wird durch die Verwendung der schnellen »Jump Cuts« in dieser Sequenz erzeugt? Passen diese Ihrer Meinung nach zum Inhalt dieser Dialogsequenz? Begründen Sie.

Dialog zwischen Grete und dem Reporter

Parallelmontage

Eine Parallelmontage ist eine Schnittfolge, bei der die Einstellungen zwischen zwei Handlungssträngen, die sich gleichzeitig an verschiedenen Orten ereignen, hin und her springen und schließlich zusammenlaufen.

Welche zwei Ereignisse werden in SAMSAS ab der 9. Minute mit dem Mittel der Parallelmontage dargestellt? Sichten Sie die zugehörige Filmstelle und vervollständigen Sie die beiden Handlungsstränge mit Filmstandbildern aus dem Materialbogen. Notieren Sie kurz, was jeweils passiert.

eigene Bildauswahl aus dem Materialbogen

Ausgangssituation:

Handlungsstrang 1:

eigene Bildauswahl aus dem Materialbogen

eigene Bildauswahl aus dem Materialbogen

Handlungsstrang 2:

eigene Bildauswahl aus dem Materialbogen

eigene Bildauswahl aus dem Materialbogen

Schlusssituation:

eigene Bildauswahl aus dem Materialbogen

eigene Bildauswahl aus dem Materialbogen

eigene Bildauswahl aus dem Materialbogen

Parallelmontagen dienen oft als Mittel zur Spannungssteigerung, indem eine Rettung in letzter Minute stattfindet (»Last minute rescue«). Wie verhält es sich beim Eintreffen der Eltern in dieser Parallelmontage?

Ausschnitt zu SAMSAS.

Schuss-Gegenschuss-Technik bei Dialogen

Recherchieren Sie die Begriffe »Schuss-Gegenschuss«, »Master shot« und »Achsensprung« im Internet.

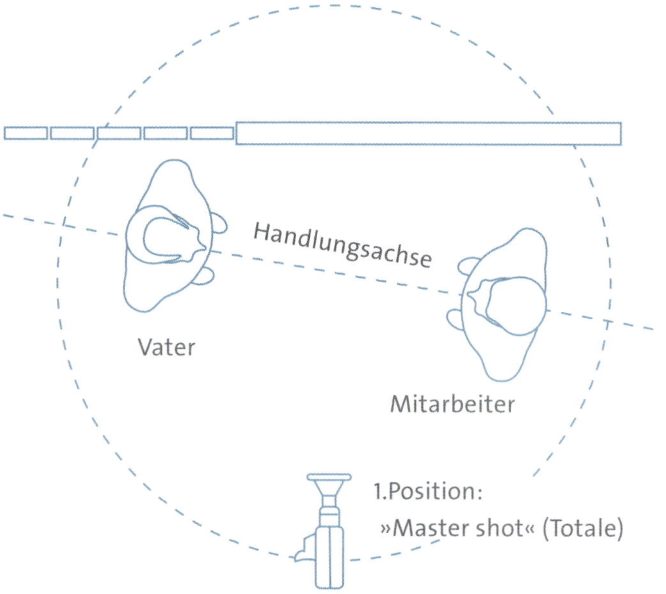

Dialog zwischen dem Vater und dem Mitarbeiter von »Fly Away«

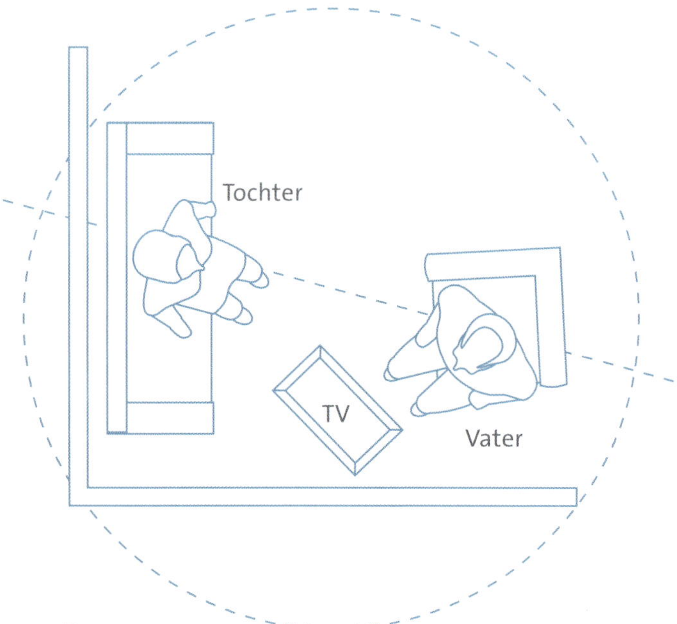

Dialog zwischen Grete und ihrem Vater

Analysieren Sie mithilfe der recherchierten Begriffe die Kameraarbeit in den Dialogszenen zwischen dem Vater und dem Mitarbeiter von »Fly Away« in der 3. Minute sowie zwischen Grete und ihrem Vater in der 5. Minute. Zeichnen Sie hierfür zunächst die Kamerapositionen auf den Kreisen ein und nummerieren Sie diese.

In den Dialog wird mit einem Master shot eingeführt. Dieser ermöglicht dem Zuschauer ...

Bauen Sie Ihre Kameras nach dem Prinzip »Schuss-Gegenschuss« auf und filmen Sie einen spontanen Dialog. Führen Sie an einer Stelle einen gezielten Achsensprung herbei, um die Regel bewusst zu verletzen. Was fällt Ihnen hierbei auf?

Das Spiel der Darsteller

Wer spielt wie? – Mr. Overacting vs. Mr. Underacting

Wie sollte ein guter Filmschauspieler vor der Kamera auftreten? Welche Schauspieltechnik sollte er dabei anwenden? Darüber gibt es sehr unterschiedliche Vorstellungen. Im folgenden fiktiven Gespräch diskutieren zwei Schauspieler über diese Frage.

»Als Mr. Underacting vertrete ich die Meinung, dass die wahre Schauspielkunst im Unterspielen (engl. underacting) oder zumindest im natürlichen Schauspielen besteht. So, wie stille Wasser tief sind, zeichnen sich große Filmschauspieler durch eine zurückhaltende und natürliche Schauspieltechnik aus.«

»Als Mr. Overacting gehöre ich zu den Schauspielern, die überspielen (engl. overacting). Bei dieser Technik betone ich besonders nonverbale Ausdrucksmittel wie Gestik und Mimik. Kritiker werfen mir und meinen Kollegen vor, dass wir sie übertrieben und unnatürlich einsetzen. Aber gehen die Menschen nicht ins Kino, um aus ihrem Alltag herausgerissen zu werden? Das Overacting bietet sich z. B. besonders gut an, um die Zuschauer zum Lachen zu bringen. Gibt es etwas Schöneres?«

»Mit Verlaub, für mich gehört mehr als ein überdrehter Schauspieler dazu, um Zuschauer in eine andere Welt zu entführen. Besser sind doch eine mitreißende Filmhandlung, eine gute Kameraarbeit, eine passende Filmmusik, gute Schauspieler, Requisiten usw. Ich unterspiele in meiner Rolle einzelne Szenen bewusst und zwinge die Zuschauer auf diese Weise zu genauem Hinsehen und Hinhören. Ich bin Präzisionsarbeiter!«

»Ihr Nichtstun sehen Sie als Präzisionsarbeit an? Interessante Sichtweise. Sie müssen sich für ihre Filme doch einfach nur ein paar Gesichtsausdrücke und Bewegungen zurechtlegen. Diese werden dann ausgeleuchtet, gefilmt und passend geschnitten. Da nehmen Ihnen der Ausleuchter, der Kameramann und der Cutter die Arbeit doch ab. Ich hingegen muss vor der Kamera zur Höchstform auflaufen und aus meinem Körper alles herausholen.«

»Ich habe das Gefühl, Sie wären beim Theater besser aufgehoben. Dort ist die übertriebene Darstellung notwendig, damit auch der Zuschauer in der letzten Reihe das Schauspiel wahrnimmt. Beim Film kann die Kamera nah heranrücken und so eine intime Atmosphäre schaffen. Als Profi weiß ich, dass der Ausdruck einer Figur und ihre innere Haltung vor allem mimisch und weniger durch Körperlichkeit hergestellt werden.«

»Aber wie wollen Sie dann exzentrische und komische Figuren darstellen? Auch wenn der Vorwurf manchmal zutreffen mag, dass schlecht ausgebildete Filmschauspieler eine Rolle häufig unbeabsichtigt überspielen, ist es meiner Meinung nach deutlich schwieriger, eine Rolle gekonnt über- als unterzuspielen.«

»Dagegen kann ich für das Unterspielen auch das Argument anführen, dass diese Technik für bestimmte Filmcharaktere unentbehrlich ist. Denken Sie etwa an die Darstellung von Autisten oder extrem maskulinen Typen, etwa Arnold Schwarzenegger in TERMINATOR.«

Tragen Sie in die Tabelle stichpunktartig die wichtigsten Informationen zu den beiden Schauspieltechniken ein.

Spielen Sie das Streitgespräch nach oder entwickeln Sie ein eigenes, das Sie nach dem Schuss-Gegenschuss-Prinzip filmen (siehe Bogen 7 Schnitt und Montage).

Overacting	Underacting

Wer spielt wie? – Filmfiguren in SAMSAS

Analysieren Sie die Filmfiguren unten im Hinblick auf Mimik, Gestik, Kleidung und Frisur, Körperhaltung und Körperbewegung sowie gesprochene Texte. Entscheiden Sie aufgrund Ihrer Beobachtungen, ob die einzelnen Schauspieler natürlich spielen, unter- oder überspielen.

Grete

Mimik

Gestik

Gesprochener Text

Körperhaltung und Körperbewegung

Kleidung und Frisur

Überspielt oder unterspielt? Begründen Sie!

Vater

Mimik

Gestik

Gesprochener Text

Körperhaltung und Körperbewegung

Kleidung und Frisur

Überspielt oder unterspielt? Begründen Sie!

Mimik	Gestik	Mimik	Gestik

Gesprochener Text	»Fly-Away«-Mitabeiter	Körperhaltung und Körperbewegung	Gesprochener Text	Hubert Schulz	Körperhaltung und Körperbewegung

Kleidung und Frisur	Überspielt oder unterspielt? Begründen Sie!	Kleidung und Frisur	Überspielt oder unterspielt? Begründen Sie!

Verwandeln Sie sich in Filmfiguren (Mimik, Gestik, Kleidung, Frisur und Körperhaltung) und interpretieren Sie diese, indem Sie sich in einer Folge von »Filmstandbildern« fotografieren lassen. Lassen Sie verschiedene Figuren aufeinandertreffen. Montieren Sie Ihre Fotografien auf einem Bogen, den Sie diesem Portfolio beilegen.

Ihr Auftritt, bitte! Dienstmädchen Charlotte und Talkmaster Hubertus Schulz

Finden Sie für das Schauspiel des Dienstmädchens Charlotte (Katrin Hildebrand) und des Talkmasters Hubertus Schulz (Harald Schmidt) aus SAMSAS beschreibende Adjektive und legen Sie dar, was Ihnen an den beiden Rollen besonders aufgefallen ist.

Charlotte	Hubertus Schulz

»Da hab ich's mit der Angst zu tun bekommen. So wie der Vater das schöne Instrument zerhauen hat, da hab' ich mir die Ohren zugehalten, so laut war das dann. Ich hab' gedacht, der will uns alle totschlagen, so verrückt ist der geworden, der böse Mann. Ja, und ich wollte Hilfe holen, aber wie denn? Ja, und dann hat er geschrien, ich soll verschwinden. Er stand mir gegenüber und hat mich angestarrt, oh, war das schaurig. Da wollt' ich nicht mehr. Und die Grete ist ja schon weggelaufen aus dem Haus. Ich weiß gar nicht, wohin sie wollte. Ich glaub', sie wusste es auch nicht. Einfach nur weg, drauf los. Arme Grete, Gregor ein Käfer, Geige kaputt. «

• Katrin Hildebrand als Dienstmädchen Charlotte.

»Ach, was für eine herzerweichende Geschichte, da kann man mal sehen, man glaubt, man hätte schon alles gesehen und alles erlebt, und da kommt so ein harmloser, wohlerzogener Junge aus unserer Vorstadt und macht auf Käfer.

Tja, meine Damen und Herren, Sie werden es nicht glauben, aber wir haben den Knaben heute hier im Studio. (Applaus) Es war ein bisschen schwierig, ihn zu bekommen, können Sie sich denken, aber seine liebe Schwester Grete hat ihn schließlich doch vorbeigebracht. Danke Grete, vielen, vielen Dank! (Applaus) Bevor wir den Guten aber über die Bühne krabbeln lassen, müssen wir noch unser Versprechen einlösen. Ja, da lassen wir uns nicht lumpen, da sind wir ganz korrekt. Grete möchte nämlich einmal in der Öffentlichkeit ihre Virtuosität als Geigerin beweisen. Haben wir nichts dagegen, machen wir gerne, wenn sie uns den Gregor dafür mal bestaunen lässt, immer doch, jederzeit. Und wir haben sogar ein Geschenk für sie. Weil Papi hat ihr doch die Geige zertrümmert, und das tat uns so leid, da haben wir ihr eine neue Geige besorgt. Grete, hier, die Geige ist für dich.«

Charlottes Monolog in der 19. Minute
Hubert Schulz' Monolog in der 23. bis 24. Minute

• Harald Schmidt als Talkmaster Hubertus Schulz.

Interpretieren Sie die Rolle von Charlotte oder Hubertus Schulz schauspielerisch neu. Üben Sie bei laufendem Filmton vor einem Spiegel zu Ihrer Rolle nur die Gestik und Mimik (ohne Mundbewegungen) ein, um ein Gespür für die Rolle zu entwickeln.
Lernen Sie Ihren Text auswendig. Gestikulieren Sie jetzt während des Filmausschnitts mit der entsprechenden Mimik (mit Mundbewegungen) zu Ihrer Rolle vor dem Spiegel. Spielen Sie abschließend Ihre Rolle mit gesprochenem Text.

Ab ins Netz

Meinungen zu Filmen formulieren

Die Filmkritik: Filme analysieren und bewerten

Ein Leser von Filmkritiken kann unterschiedliche Erwartungen haben. Eine Kritik soll etwa über den betreffenden Film berichten und informieren, darüber hinaus aber eventuell auch beraten und wenn möglich eine Empfehlung abgeben, ob es sich lohnt, den Film anzuschauen. Aus diesem Grund verfolgt eine Filmkritik auch nicht den gleichen Ansatz wie eine filmwissenschaftliche Analyse, sondern enthält meistens einen subjektiven und emotionalen Anteil. Natürlich sollte ein Filmkritiker genaue Angaben zum Inhalt und zu den formalen Eigenheiten des Films machen können, andererseits aber auch Zustimmung oder Ablehnung bezeugen.

Vergleichen Sie die beiden folgenden Kritiken miteinander. Beschreiben Sie jeweils, was genau die Kritik wiedergibt und welche Absicht ihr Autor möglicherweise verfolgt. Entspricht dies Ihren Erwartungen an eine Filmkritik?

Josef K. (Anthony Perkins, PSYCHO) weiß nicht, wie ihm geschieht. Ohne ersichtlichen Grund wird er angeklagt und vor Gericht gestellt. Alle Bemühungen, Licht ins Dunkel zu bringen, enden erfolglos. Weder sein Anwalt (Orson Welles) noch seine Bekannten (u. a. Romy Schneider) können ihm helfen... Im Rahmen des Kafka-Themenabends zeigt Arte einen der wenigen Filme, die Orson Welles (CITIZEN KANE) - wenn auch mit geringem Budget - ganz nach seinen künstlerischen Vorstellungen drehen konnte. Romy Schneider war von Welles begeistert: »Ich hätte am liebsten alles notiert, was er sagte.« Sie zählte ihre zehn Drehtage (gefilmt wurde in Zagreb und im Pariser Bahnhof d'Orsay) zu ihren schönsten Erinnerungen. Das expressionistische Porträt einer albtraumhaften Welt ist jedoch oft mehr Welles als Kafka. Fazit: Orson Welles' grandiose Vision eines Klassikers.[1]

Orson Welles hat Regie geführt in dem grandiosen Schwarz-Weiß-Film DER PROZESS, der eine wirklich gelungene Umsetzung des gleichnamigen Romans von Franz Kafka darstellt. Der Bankbeamte Josef K. (Anthony Perkins) wird im Auftrag eines überrealen Gerichtes verhaftet, für schuldig erklärt und schließlich hingerichtet. ...
Der surreale Film stellt den Selbstrechtfertigungsprozess eines Menschen dar, der unfähig ist zu erkennen, dass übersteigerte Schuldgefühle letztlich den Blick für die Realität verstellen und ihn zum Spielball Dritter hat werden lassen. Die schauspielerische Leistung von Perkins kann nicht genug gelobt werden. Mich hat der Film sehr gefangen genommen, insofern empfehle ich ihn bedenkenlos.[2]

Helga König

Textquellen: 1 Kritik auf cinema.de, http://www.cinema.de/kino/filmarchiv/film/der-prozess,1341539,ApplicationMovie.html.
2 Käuferrezension auf amazon.de, http://www.amazon.de/product-reviews/B0017IK9D2. Aufgerufen jeweils am 22.03.2010.

Hyper-Medium Internet

Dank des technischen Fortschritts können fast alle Medien – Text, Bild, Film, Ton – als Hypertext im World Wide Web dargestellt werden. Somit bieten sich hier nahezu unbegrenzte Möglichkeiten, Informationen aller Art zu verbreiten. Des Weiteren bietet das Netz seit der Entwicklung des sogenannten Web 2.0 auch für ungeübte Nutzer vielfältige Gelegenheiten, relativ problemlos und schnell Inhalte zu erstellen und zu veröffentlichen. Die Möglichkeiten, mit denen man sich hier zum Thema Film informieren und sich produktiv damit auseinandersetzen kann, sollen im Folgenden betrachtet werden.

Informationen: Wo finde ich was?

Das Internet ist eine Quelle für Informationen. So ist es z.B. inzwischen üblich, dass Filmproduzenten für einen Film eigene Webseiten erstellen lassen. Und nicht zuletzt finden sich natürlich auch nicht-kommerzielle und alternative Seitenbetreiber im Internet, beispielsweise Fanportale oder spezielle Foren. Somit ist eine ganze Bandbreite unterschiedlicher Interessen und Ideen im Netz vertreten.

Wie nutzen Sie als Filminteressierter das Internet? Entwickeln Sie als Rollenspiel ein Streitgespräch zwischen einem eingefleischten Zeitungsleser und einem überzeugten Internetnutzer.

Besuchen Sie die folgenden Webseiten, beschreiben Sie deren Inhalte und beurteilen Sie den Informationsgehalt. Welche Informationen oder Kritiken finden Sie zu Samsas, Die Verwandlung und The Metamorphosis of Mr. Samsa? Welche Informationen zu anderen Verfilmungen nach Kafka finden Sie?

IMDb

- www.imdb.com

FILMSTARTS.de

- www.filmstarts.de

filmzentrale

- www.filmzentrale.com

Schnitt

- www.schnitt.de

cinema

- www.cinema.de

Verfassen Sie eine Filmkritik zu Samsas und veröffentlichen Sie sie auf imdb.com oder auf schnitt.de. Starten Sie mit Ihrer Klasse eine virtuelle Diskussion zum Film auf einer dieser Seiten (Registrierung erforderlich).

Web 2.0: Vom passiven Konsumenten zum aktiven (Mit-)Gestalter

Das World Wide Web hat sich inzwischen zu einem Medium entwickelt, das es jedem Nutzer ermöglicht, Inhalte mitzugestalten. Diese Entwicklung der letzten Jahre erlaubt es auch Leuten mit wenig technischem Wissen, mit einfachsten Mitteln Inhalte für das Internet zu produzieren. So gibt es Webseiten, die ausschließlich von Usern erstellte (multimediale) Inhalte zeigen. Dazu gehören Streamingserver, Videoportale, soziale Netzwerke und Blogs. Zwar werden diese Möglichkeiten teilweise auch kommerziell genutzt, doch die große Mehrzahl der Nutzer verfolgt keine professionellen Zwecke, sondern ist vor allem an der Möglichkeit einer weltweit vernetzten Kommunikation interessiert.

Welche (Mit-)Gestaltungsmöglichkeiten kennen Sie aus dem Internet? Zählen Sie diese auf, indem Sie die Mind-Map vervollständigen.

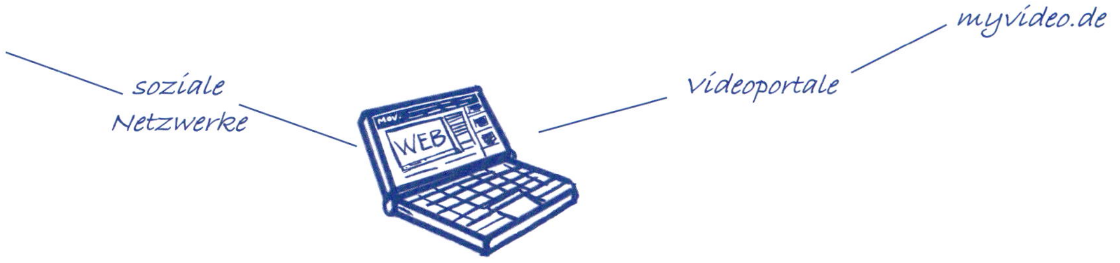

User-Rezensionen: Möglichkeit der Interaktion und Einmischung

Viele kommerzielle Seiten und Internet-Versandhäuser bieten den Nutzern die Möglichkeit, die angebotenen Produkte im Sinne eines Warentests zu bewerten und zu rezensieren, und somit Erfahrungen über ein bestimmtes Produkt auszutauschen, in erster Linie um den anderen Konsumenten bei der (Kauf-)Entscheidung zu helfen, also eine Form der Verbraucher-Beratung. Auch nicht-kommerzielle Seiten, wie etwa imdb.com oder filmstarts.de greifen auf ein Bewertungssystem zurück, in dem die Nutzer ihre (Un-)Zufriedenheit in Punkten, bzw. Prozenten und in Texten ausdrücken können. So bilden diese weitgehend ungefilterten Verbrauchermeinungen einen Gegensatz zur Werbung einerseits und der professionellen Berichterstattung andererseits.

Beschreiben Sie die folgende Nutzer-Kritik des Films Der Prozess. Worin unterscheidet sie sich von professionellen Kritiken?

> Franz Kafkas beklemmende und fesselnde Geschichte vom Beamten Josef K., der eines Tages ohne Vorwarnung verhaftet, verurteilt und hingerichtet wird, gehört zu den großen Werken der Weltliteratur. Orson Welles verarbeitete den Stoff 1960 in einem hervorragenden Schwarz-Weiß-Film. Außer der großartigen schauspielerischen Leistung von Hauptdarsteller Anthony Perkins ist es vor allem die Art und Weise der filmischen Umsetzung, die beeindruckt. Durch Dekor und Kameraführung, Perspektiven und Bildausschnitte, das Spiel von Licht und Schatten schafft Orson Welles eine kongeniale visuelle Entsprechung zu Kafkas Text. Der Prozess zählt sicherlich zu Orson Welles' Meisterwerken und ist auch 50 Jahre nach seiner Entstehung sowohl für Kafka- als auch für Welles-Fans absolut empfehlenswert. Leider ist der Film in Deutschland nur in einer stark gekürzten Fassung erhältlich. So sollte man sich entweder eine ungekürzte Version aus den USA oder England besorgen oder warten, bis der Film mal wieder bei arte oder 3sat gezeigt wird.

Erstellen Sie mit Ihrer Klasse einen Blog oder einen Kanal auf einem Videoportal, der Ihr Kafka-Projekt begleitet. Erstellen Sie Texte und multimediale Inhalte und stellen Sie sie ins Netz.

Textquelle: Benutzerkritik zu Der Prozess http://www.imdb.de/title/tt0057427/usercomments. Aufgerufen am 22.03.2010.

Produktive Möglichkeiten

Die Möglichkeit der Veränderung, Verarbeitung und Neuinterpretation von bereits existierenden Stoffen hat mit der Weiterentwicklung und Verfügbarkeit von digitaler Technik einerseits und den Veröffentlichungs- und Vertriebsmöglichkeiten im Internet stark zugenommen.

Der Brickfilm: Animation leicht gemacht

Der so genannte »Brickfilm« bietet sich für das Nachspielen von Film- oder literarischen Szenen an, ist aber auch eine Möglichkeit, eigene Stoffe ohne größeren Aufwand zu realisieren. Der Brickfilm ist eine Form des Animationsfilms, bei dem mit handelsüblichem Spielzeug wie Playmobil, Lego-Bausteinen oder Ähnlichem gearbeitet wird. Die dabei angewendete Stop-Motion-Technik kann problemlos mit einer Digitalkamera und einem einfachen Schnitt- oder Animationsprogramm bearbeitet werden, z. B. mit der Freeware Monkey-Jam.

Setzen Sie eine Szene aus Samsas als Brickfilm um (siehe auch Kopiervorlage auf Bogen 10). Erstellen Sie zunächst ein kurzes Drehbuch und ein fotografisches Storyboard mitmilfe der Portfoliobögen 4. Laden Sie die fertige Szene bei einem Videoportal hoch.

Setzen Sie einen kurzen Text Kafkas, etwa Vor dem Gesetz oder Gibs auf!, als Brickfilm um (siehe auch Kopiervorlage auf Bogen 10).

Postmoderne

Samsas – ein postmoderner Film?

In der Postmoderne ist die Tendenz zum Zitat offensichtlich. Künstler schaffen keine vollständig neuen Werke mehr, sondern beziehen sich auf andere Künstler, indem sie auf sie verweisen oder Werke vermischen: Die Intertextualität breitet sich aus. Ob die Künstler glauben, dadurch die eigene Originalität zu verlieren oder sie die Postmoderne einfach als einen neuartigen Weg ansehen, Originalität zu realisieren, hängt von der Sichtweise des einzelnen Künstlers ab.

• oben links: Standbild aus Blue Velvet (siehe Bogen 5 Filmsemiotik),

• oben rechts: Harald Schmidt in seiner gleichnamigen Fernsehshow.

Wie spielt der Film Samsas mit Zitaten? Erläutern Sie dies mithilfe der vier Standbilder.

Einen neuen Weg beschreitet die Postmoderne auch hinsichtlich der Unterscheidung zwischen Hochkunst und gewöhnlicher Unterhaltung, indem sie beides miteinander verbindet. So ermöglicht sie eine künstlerische Vielfalt, die es jedem selbst überlässt, in einem Theaterstück, Buch, Bild oder Film den Kunstgehalt für sich auszumachen. Damit stellt die Postmoderne auch die Funktion von Kunstkritikern und Kunstexperten in Frage, denen sie durch diese neue Sichtweise die Bearbeitungskriterien entzieht.

Überwindet der Film Samsas die Unterteilung zwischen Hochkunst und gewöhnlicher Unterhaltung? Begründen Sie Ihre Antwort.

• Samsas: Hochkunst oder Unterhaltung?

Foto von Harald Schmidt o. r.: picture-alliance/dpa/dpaweb

Die Postmoderne hebt die Unterteilung der Kunstgattungen auf. Postmoderne Filme können daher nicht mehr Kategorien wie Märchenfilm, Science-Fiction, Western, Detektivfilm usw. zugeordnet werden. Stattdessen vermischen sie die Merkmale verschiedener Filmgenres miteinander. Der postmoderne Film MATRIX besitzt z. B. Science Fiction-, Action-, Liebesfilm- und Comicelemente. Die Verbindung verschiedener Genres führt dazu, dass die Filme häufig ironische Züge aufweisen.

Erläutern Sie mithilfe der Filmbilder und der Tonebene des Films, weshalb der Genre-Mix sowie die Ironie Kennzeichen von SAMSAS sind.

• Tonebene: Cartoon-Geräusche

Postmoderne Romane und Filme durchbrechen häufig die chronologische Erzählweise. Zudem sind hier meist nicht die klassischen Protagonisten zu finden, mit denen der Zuschauer während des Films mitfiebert. Stattdessen stehen mehrere Figuren gleichberechtigt nebeneinander. So begegnet der Zuschauer ihnen distanzierter und lässt sich nicht emotional mitreißen, wie dies beim klassischen Erzählkino der Fall ist.

Beschreiben Sie anhand der Filmbilder, welche Erzählweise bei dem Film SAMSAS vorliegt und ob die Figurenkonstellation dazu beiträgt, dass der Zuschauer emotional berührt wird.

• Die hier gezeigten Abbildungen sind »Motion stills«, d.h., aus dem laufenden Film entnommene Standbilder. Die Reihenfolge auf dieser rechten Seite und dem zweiten Materialbogen entspricht dem Erscheinen der Bilder im filmischen Ablauf.

Materialbogen

• Filmstandbilder aus SAMSAS (D 1999, R: Kirsten Peters, Kamera: Stefan Ditner).
Die Abbildungen auf den Materialbögen können zur Bearbeitung der Aufgaben und Anregungen ausgeschnitten werden.